This book
belongs to:

_____

_____

DATE .... /....... /.......

Dear God,

Today I am thankful for

_____

_____

_____

Today I pray for

Please bless

Thank you God for all your blessings to me.

I love you,

♥ AMEN ♥

MON TUE WED THU FRI SAT SUN   DATE .... /....... /.......

Dear God,

Today I am thankful for

_____

_____

_____

_____

I pray for

Please help me with

Please bless

Thank you God for all your blessings to me.

I love you,   ♥ AMEN ♥

DATE .... /........ /........

MON TUE WED THU FRI SAT SUN

Dear God,

Today I am thankful for

_____

_____

_____

Today I pray for

Please bless

Thank you God for all your blessings to me.

I love you,

♥ AMEN ♥

MON TUE WED THU FRI SAT SUN

DATE .... /....... /.......

Dear God,

Today I am thankful for

_____

_____

_____

I pray for

Today I learned

Please bless

Thank you God for all your blessings to me.
I love you,

♥ AMEN ♥

LET
God
DIRECT
YOUR
steps

PROVERBS 3:6

 DATE .... /....... /.......

Dear God,

Today I am thankful for

_____

_____

_____

I pray for	I want to confess

Please bless

Thank you God for all your blessings to me.

I love you,

♥ AMEN ♥

DATE .... /....... /.......

Dear God,

Today I am thankful for

_____

_____

_____

Today I pray for

Please bless

Thank you God for all your blessings to me.

I love you,

♥ AMEN ♥

 MON TUE WED THU FRI SAT SUN

DATE .... /....... /.......

Dear God,

Today I am thankful for

_____

_____

_____

I pray for

Please help me with

Please bless

Thank you God for all your blessings to me.
I love you,

♥ AMEN ♥

DATE .... /....... /.......

MON TUE WED THU FRI SAT SUN

Dear God,

Today I am thankful for _____

_____

_____

_____

Today I pray for

Please bless

Thank you God for all your blessings to me.

I love you,

♥ AMEN ♥

 MON TUE WED THU FRI SAT SUN   DATE .... /....... /.......

Dear God,

Today I am thankful for

_____

_____

_____

I pray for	Today I learned

Please bless

Thank you God for all your blessings to me.

I love you,   ♥ AMEN ♥

LET US NOT

LOVE

WITH
WORD OR SPEECH
BUT WITH
ACTION AND TRUTH

1 John 3:18

MON TUE WED THU FRI SAT SUN

DATE .... /....... /.......

Dear God,

Today I am thankful for

_____

_____

_____

I pray for

I want to confess

Please bless

Thank you God for all your blessings to me.

I love you,

♥ AMEN ♥

DATE .... /....... /.......

Dear God,

Today I am thankful for

_____

_____

_____

Today I pray for

Please bless

Thank you God for all your blessings to me.

I love you,

♥ AMEN ♥

 **MON TUE WED THU FRI SAT SUN**

DATE .... /....... /.......

Dear God,

Today I am thankful for

_____

_____

_____

I pray for

Please help me with

Please bless

Thank you God for all your blessings to me.

I love you,

♥ AMEN ♥

DATE .... /....... /.......

Dear God,

Today I am thankful for _____

_____

_____

_____

Today I pray for

Please bless

Thank you God for all your blessings to me.

I love you,

♥ AMEN ♥

 DATE .... /....... /.......

Dear God,

Today I am thankful for _____

_____

_____

_____

I pray for	Today I learned

Please bless

Thank you God for all your blessings to me.

I love you,   ♥ AMEN ♥

BE

KiND

TO

ONE

ANOTHER

Ephesians 4:32

 MON TUE WED THU FRI SAT SUN

DATE .... /....... /.......

Dear God,

Today I am thankful for

_____

_____

_____

I pray for	I want to confess

Please bless

Thank you God for all your blessings to me.

I love you,

♥ AMEN ♥

DATE .... /....... /.......

MON TUE WED THU FRI SAT SUN

Dear God,

Today I am thankful for

_____

_____

_____

_____

Today I pray for

Please bless

Thank you God for all your blessings to me.

I love you,

♥ AMEN ♥

 MON TUE WED THU FRI SAT SUN   DATE .... /....... /.......

Dear God,

Today I am thankful for

_____

_____

_____

I pray for

Please help me with

Please bless

Thank you God for all your blessings to me.

I love you,

♥ AMEN ♥

DATE .... /....... /.......

 MON TUE WED THU FRI SAT SUN

Dear God,

Today I am thankful for _____

_____

_____

_____

Today I pray for

Please bless

Thank you God for all your blessings to me.

I love you,

♥ AMEN ♥

MON TUE WED THU FRI SAT SUN

DATE .... /....... /.......

Dear God,

Today I am thankful for

_____

_____

_____

I pray for

Today I learned

Please bless

Thank you God for all your blessings to me.

I love you,

♥ AMEN ♥

With
GOD
all
things
are
possible

Matthew 19:26

MON TUE WED THU FRI SAT SUN   DATE .... /....... /.......

Dear God,

Today I am thankful for

_____

_____

_____

I pray for	I want to confess

Please bless

Thank you God for all your blessings to me.

I love you,   ♥ AMEN ♥

DATE .... /....... /.......

MON TUE WED THU FRI SAT SUN

Dear God,

Today I am thankful for

_____

_____

_____

_____

Today I pray for

Please bless

Thank you God for all your blessings to me.

I love you,

♥ AMEN ♥

 DATE .... /....... /.......

Dear God,

Today I am thankful for
_____
_____
_____
_____

I pray for	Please help me with

Please bless

Thank you God for all your blessings to me.
I love you,

♥ AMEN ♥

DATE .... /....... /.......

Dear God,

Today I am thankful for _____

_____

_____

_____

Today I pray for

Please bless

Thank you God for all your blessings to me.

I love you,

♥ AMEN ♥

 MON TUE WED THU FRI SAT SUN

DATE .... /....... /.......

Dear God,

Today I am thankful for

_____

_____

_____

I pray for	Today I learned

Please bless

Thank you God for all your blessings to me.

I love you,

♥ AMEN ♥

Give

THANKS

to
him
and praise
his name

Psalm 100:4

MON TUE WED THU FRI SAT SUN   DATE .... /....... /.......

Dear God,

Today I am thankful for

_____

_____

_____

I pray for	I want to confess

Please bless

Thank you God for all your blessings to me.

I love you,   ♥ AMEN ♥

DATE .... /....... /.......

Dear God,

Today I am thankful for
_____
_____
_____
_____

Today I pray for

Please bless

Thank you God for all your blessings to me.

I love you,

♥ AMEN ♥

 MON TUE WED THU FRI SAT SUN

DATE .... /....... /.......

Dear God,

Today I am thankful for

_____

_____

_____

I pray for

Please help me with

Please bless

Thank you God for all your blessings to me.

I love you,

♥ AMEN ♥

DATE .... / .... / ....

MON TUE WED THU FRI SAT SUN

Dear God,

Today I am thankful for

_____

_____

_____

Today I pray for

Please bless

Thank you God for all your blessings to me.

I love you,

♥ AMEN ♥

 MON TUE WED THU FRI SAT SUN

DATE .... /........ /........

Dear God,

Today I am thankful for

_____

_____

_____

_____

I pray for

Today I learned

Please bless

Thank you God for all your blessings to me.

I love you,

♥ AMEN ♥

When
I am

AFRAID

I put
my trust
in you

Psalm 56:3

MON TUE WED THU FRI SAT SUN

DATE .... /....... /.......

Dear God,

Today I am thankful for

_____

_____

_____

_____

I pray for

I want to confess

Please bless

Thank you God for all your blessings to me.

I love you,

♥ AMEN ♥

DATE .... /....... /.......

Dear God,

Today I am thankful for
_____
_____
_____
_____

Today I pray for

Please bless

Thank you God for all your blessings to me.
I love you,
♥ AMEN ♥

MON TUE WED THU FRI SAT SUN

DATE .... /....... /.......

Dear God,

Today I am thankful for

_____

_____

_____

I pray for

Please help me with

Please bless

Thank you God for all your blessings to me.

I love you,

♥ AMEN ♥

DATE .... /....... /.......

Dear God,

Today I am thankful for _____

_____

_____

_____

Today I pray for

Please bless

Thank you God for all your blessings to me.

I love you,

♥ AMEN ♥

 MON TUE WED THU FRI SAT SUN

DATE .... /....... /.......

Dear God,

Today I am thankful for

_____

_____

_____

I pray for	Today I learned

Please bless

Thank you God for all your blessings to me.

I love you,

♥ AMEN ♥

TRUST

in the
lord
with all
your
heart

Proverb 3:5

 MON TUE WED THU FRI SAT SUN

DATE .... /....... /.......

Dear God,

Today I am thankful for

_____

_____

_____

I pray for	I want to confess

Please bless

Thank you God for all your blessings to me.

I love you,

♥ AMEN ♥

DATE .... /....... /.......

 MON TUE WED THU FRI SAT SUN

Dear God,

Today I am thankful for

_____

_____

_____

_____

Today I pray for

Please bless

Thank you God for all your blessings to me.

I love you,

♥ AMEN ♥

MON TUE WED THU FRI SAT SUN

DATE .... /....... /.......

Dear God,

Today I am thankful for

_____

_____

_____

_____

I pray for

Please help me with

Please bless

Thank you God for all your blessings to me.

I love you,

♥ AMEN ♥

DATE .... / .... / ....

Dear God,

Today I am thankful for _____

_____

_____

_____

Today I pray for

Please bless

Thank you God for all your blessings to me.

I love you,

♥ AMEN ♥

DATE .... /....... /.......

Dear God,

Today I am thankful for

_____

_____

_____

I pray for

Today I learned

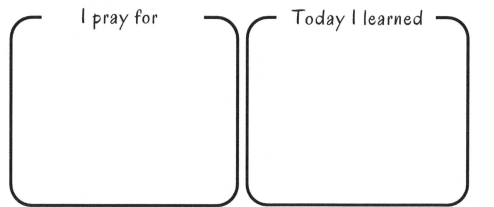

Please bless

Thank you God for all your blessings to me.

I love you,

 ♥ AMEN ♥

THE LORD
is
with me;
I
will not
be afraid

Psalm 118:6

MON TUE WED THU FRI SAT SUN

DATE .... /....... /.......

Dear God,

Today I am thankful for

I pray for

I want to confess

Please bless

Thank you God for all your blessings to me.

I love you,

♥ AMEN ♥

DATE .... /....... /.......

Dear God,

Today I am thankful for

_____

_____

_____

_____

Today I pray for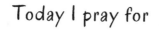

Please bless

Thank you God for all your blessings to me.

I love you,

♥ AMEN ♥

MON TUE WED THU FRI SAT SUN

DATE .... /....... /.......

Dear God,

Today I am thankful for

_____

_____

_____

_____

I pray for

Please help me with

Please bless

Thank you God for all your blessings to me.

I love you,

♥ AMEN ♥

DATE .... / .... / ....

 MON TUE WED THU FRI SAT SUN

Dear God,

Today I am thankful for

_____

_____

_____

_____

Today I pray for

Please bless

Thank you God for all your blessings to me.

I love you,

♥ AMEN ♥

 MON TUE WED THU FRI SAT SUN

DATE .... /....... /.......

Dear God,

Today I am thankful for

_____

_____

_____

I pray for	Today I learned

Please bless

Thank you God for all your blessings to me.

I love you,

♥ AMEN ♥

GOD
will
never
stop
loving
me

Psalm 23:6

MON TUE WED THU FRI SAT SUN

DATE .... /....... /.......

Dear God,

Today I am thankful for

_____

_____

_____

I pray for	I want to confess

Please bless

Thank you God for all your blessings to me.

I love you,

♥ AMEN ♥

DATE .... /....... /.......

Dear God,

Today I am thankful for

_____

_____

_____

_____

Today I pray for

Please bless

Thank you God for all your blessings to me.

I love you,

♥ AMEN ♥

MON TUE WED THU FRI SAT SUN

DATE .... /....... /.......

Dear God,

Today I am thankful for

_____

_____

_____

I pray for

Please help me with

Please bless

Thank you God for all your blessings to me.

I love you,

♥ AMEN ♥

DATE .... /....... /.......

Dear God,

Today I am thankful for _____

_____

_____

_____

Today I pray for

Please bless

Thank you God for all your blessings to me.

I love you,

♥ AMEN ♥

 MON TUE WED THU FRI SAT SUN

DATE .... /....... /.......

Dear God,

Today I am thankful for

_____

_____

_____

I pray for

Today I learned

Please bless

Thank you God for all your blessings to me.

I love you,

♥ AMEN ♥

BLESSED

are

those

who

believe

without

seeing

John 20:29

MON TUE WED THU FRI SAT SUN

DATE .... /....... /.......

Dear God,

Today I am thankful for

I pray for

I want to confess

Please bless

Thank you God for all your blessings to me.

I love you,

♥ AMEN ♥

DATE .... /....... /.......

Dear God,

Today I am thankful for
_____
_____
_____
_____

Today I pray for

Please bless

Thank you God for all your blessings to me.
I love you,

♥ AMEN ♥

 MON TUE WED THU FRI SAT SUN   DATE .... /....... /.......

Dear God,

Today I am thankful for

_____

_____

_____

I pray for	Please help me with

Please bless

Thank you God for all your blessings to me.

I love you,   ♥ AMEN ♥

DATE ..../......./.......

MON TUE WED THU FRI SAT SUN

Dear God,

Today I am thankful for _____

_____

_____

_____

Today I pray for

Please bless

Thank you God for all your blessings to me.
I love you,

♥ AMEN ♥

MON TUE WED THU FRI SAT SUN

DATE .... /....... /.......

Dear God,

Today I am thankful for

_____

_____

_____

I pray for	Today I learned

Please bless

Thank you God for all your blessings to me.
I love you,

♥ AMEN ♥

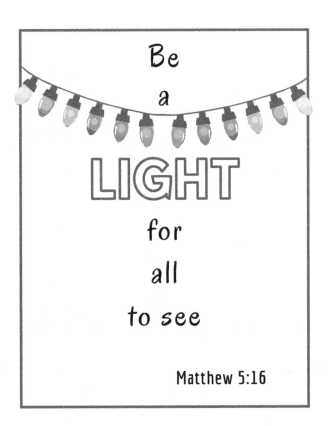

Be
a
LIGHT
for
all
to see

Matthew 5:16

MON TUE WED THU FRI SAT SUN

DATE .... /....... /.......

Dear God,

Today I am thankful for

_____

_____

_____

_____

I pray for

I want to confess

Please bless

Thank you God for all your blessings to me.

I love you,

♥ AMEN ♥

DATE .... /....... /.......

Dear God,

Today I am thankful for _____

_____

_____

_____

Today I pray for

Please bless

Thank you God for all your blessings to me.

I love you,

♥ AMEN ♥

MON TUE WED THU FRI SAT SUN

DATE .... / .... / ....

Dear God,

Today I am thankful for

_____

_____

_____

I pray for

Please help me with

Please bless

Thank you God for all your blessings to me.

I love you,

♥ AMEN ♥

DATE .... /....... /.......

MON TUE WED THU FRI SAT SUN

Dear God,

Today I am thankful for

_____

_____

_____

_____

Today I pray for

Please bless

Thank you God for all your blessings to me.

I love you,

♥ AMEN ♥

 MON TUE WED THU FRI SAT SUN   DATE .... /....... /.......

Dear God,

Today I am thankful for

_____

_____

_____

I pray for	Today I learned

Please bless

Thank you God for all your blessings to me.

I love you,   ♥ AMEN ♥

Be

STRONG

and

COURAGEOUS

Joshua 1:9

MON TUE WED THU FRI SAT SUN

DATE .... /....... /.......

Dear God,

Today I am thankful for

I pray for

I want to confess

Please bless

Thank you God for all your blessings to me.

I love you,

♥ AMEN ♥

DATE .... /....... /.......

MON TUE WED THU FRI SAT SUN

Dear God,

Today I am thankful for

_____

_____

_____

Today I pray for

Please bless

Thank you God for all your blessings to me.

I love you,

♥ AMEN ♥

MON TUE WED THU FRI SAT SUN

DATE .... /....... /.......

Dear God,

Today I am thankful for _____

_____

_____

_____

I pray for	Please help me with

Please bless

Thank you God for all your blessings to me.

I love you,

♥ AMEN ♥

DATE .... /....... /.......

MON TUE WED THU FRI SAT SUN

Dear God,

Today I am thankful for

_____

_____

_____

_____

Today I pray for

Please bless

Thank you God for all your blessings to me.

I love you,

♥ AMEN ♥

 MON TUE WED THU FRI SAT SUN

DATE .... /....... /.......

Dear God,

Today I am thankful for

_____

_____

_____

I pray for

Today I learned

Please bless

Thank you God for all your blessings to me.

I love you,

♥ AMEN ♥

He will COME to us like the rain

Hosea 6:3

MON TUE WED THU FRI SAT SUN

DATE .... /....... /.......

Dear God,

Today I am thankful for

_____

_____

_____

_____

I pray for

I want to confess

Please bless

Thank you God for all your blessings to me.

I love you,

♥ AMEN ♥

DATE .... /....... /.......

MON TUE WED THU FRI SAT SUN

Dear God,

Today I am thankful for

_____

_____

_____

_____

Today I pray for

Please bless

Thank you God for all your blessings to me.

I love you,

♥ AMEN ♥

MON TUE WED THU FRI SAT SUN

DATE .... /....... /.......

Dear God,

Today I am thankful for

_____

_____

_____

_____

I pray for	Please help me with

Please bless

Thank you God for all your blessings to me.

I love you,

♥ AMEN ♥

DATE .... / .... / ....

MON TUE WED THU FRI SAT SUN

Dear God,

Today I am thankful for _____

_____

_____

_____

Today I pray for

Please bless

Thank you God for all your blessings to me.

I love you,

♥ AMEN ♥

 DATE .... /....... /.......

Dear God,

Today I am thankful for

I pray for

Today I learned

Please bless

Thank you God for all your blessings to me.
I love you,   ♥ AMEN ♥

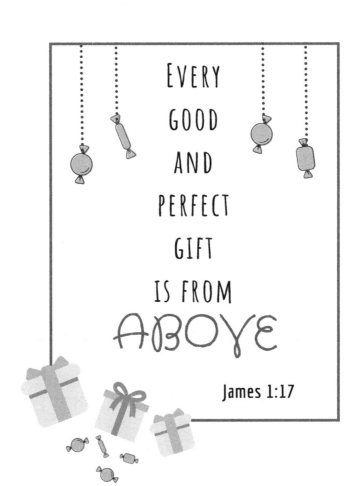

EVERY
GOOD
AND
PERFECT
GIFT
IS FROM
ABOVE

James 1:17

 MON TUE WED THU FRI SAT SUN

DATE .... /....... /.......

Dear God,

Today I am thankful for

_____

_____

_____

I pray for | I want to confess

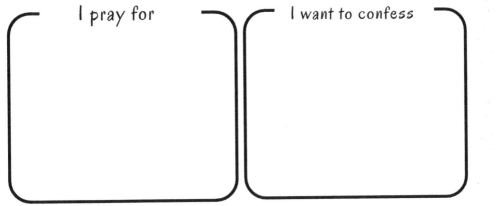

Please bless

Thank you God for all your blessings to me.

I love you, ♥ AMEN ♥

DATE .... /....... /.......

 MON TUE WED THU FRI SAT SUN

Dear God,

Today I am thankful for

_____

_____

_____

_____

Today I pray for _____

Please bless

Thank you God for all your blessings to me.

I love you,

♥ AMEN ♥

DATE .... /....... /.......

Dear God,

Today I am thankful for

I pray for

Please help me with

Please bless

Thank you God for all your blessings to me.
I love you,

♥ AMEN ♥

DATE .... /....... /.......

MON TUE WED THU FRI SAT SUN

Dear God,

Today I am thankful for

_____

_____

_____

Today I pray for

Please bless

Thank you God for all your blessings to me.

I love you,

♥ AMEN ♥

 MON TUE WED THU FRI SAT SUN

DATE .... /....... /.......

Dear God,

Today I am thankful for

_____

_____

_____

I pray for

Today I learned

Please bless

Thank you God for all your blessings to me.

I love you,

♥ AMEN ♥

WHEREVER
you go,
I will go;

WHEREVER
you live,
I will LIVE.

Ruth 1:16

MON TUE WED THU FRI SAT SUN

DATE .... /....... /.......

Dear God,

Today I am thankful for

_____

_____

_____

I pray for

I want to confess

Please bless

Thank you God for all your blessings to me.

I love you,

♥ AMEN ♥

DATE .... /....... /.......

 MON TUE WED THU FRI SAT SUN

Dear God,

Today I am thankful for

_____

_____

_____

_____

Today I pray for

Please bless

Thank you God for all your blessings to me.

I love you,

♥ AMEN ♥

 MON TUE WED THU FRI SAT SUN

DATE .... /....... /.......

Dear God,

Today I am thankful for

_____

_____

_____

I pray for

Please help me with

Please bless

Thank you God for all your blessings to me.

I love you,

♥ AMEN ♥

DATE .... /....... /.......

MON TUE WED THU FRI SAT SUN

Dear God,

Today I am thankful for

_____

_____

_____

Today I pray for

Please bless

Thank you God for all your blessings to me.

I love you,

♥ AMEN ♥

MON TUE WED THU FRI SAT SUN

DATE .... /....... /.......

Dear God,

Today I am thankful for

_____

_____

_____

I pray for

Today I learned

Please bless

Thank you God for all your blessings to me.

I love you,   ♥ AMEN ♥

We walk
by
FAITH

not
by sight

2 Corinthians 5:7

MON TUE WED THU FRI SAT SUN

DATE .... /....... /.......

Dear God,

Today I am thankful for

_____

_____

_____

_____

I pray for

I want to confess

Please bless

Thank you God for all your blessings to me.

I love you,

♥ AMEN ♥

DATE .... /....... /.......

Dear God,

Today I am thankful for _____

_____

_____

_____

Today I pray for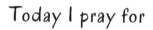

Please bless

Thank you God for all your blessings to me.

I love you,

♥ AMEN ♥

MON TUE WED THU FRI SAT SUN   DATE .... /....... /.......

Dear God,

Today I am thankful for

_____

_____

_____

_____

I pray for

Please help me with

Please bless

Thank you God for all your blessings to me.

I love you,

♥ AMEN ♥

DATE .... /....... /.......

MON TUE WED THU FRI SAT SUN

Dear God,

Today I am thankful for

_____

_____

_____

Today I pray for

Please bless

Thank you God for all your blessings to me.

I love you,

♥ AMEN ♥

MON TUE WED THU FRI SAT SUN

DATE .... / .... / ....

Dear God,

Today I am thankful for

I pray for

Today I learned

Please bless

Thank you God for all your blessings to me.

I love you,

♥ AMEN ♥

YOUR WORD
IS A
LAMP

TO MY FEET
AND
A LIGHT
TO MY PATH

Psalm 119:105

 DATE .... /....... /.......

Dear God,

Today I am thankful for

_____

_____

_____

I pray for | I want to confess

Please bless

Thank you God for all your blessings to me.

I love you, ♥ AMEN ♥

DATE .... /....... /.......

MON TUE WED THU FRI SAT SUN

Dear God,

Today I am thankful for

_____

_____

_____

_____

Today I pray for

Please bless

Thank you God for all your blessings to me.

I love you,

♥ AMEN ♥

 MON TUE WED THU FRI SAT SUN

DATE .... /....... /.......

Dear God,

Today I am thankful for

_____

_____

_____

I pray for

Please help me with

Please bless

Thank you God for all your blessings to me.

I love you,

♥ AMEN ♥

DATE .... /....... /.......

MON TUE WED THU FRI SAT SUN

Dear God,

Today I am thankful for
_____
_____
_____
_____

Today I pray for

Please bless

Thank you God for all your blessings to me.
I love you,

♥ AMEN ♥

 MON TUE WED THU FRI SAT SUN

DATE .... /....... /.......

Dear God,

Today I am thankful for

_____

_____

_____

I pray for

Today I learned

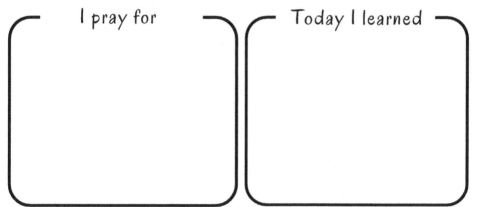

Please bless

Thank you God for all your blessings to me.

I love you,   ❤ AMEN ❤

FAITH

can

move

mountains

Matthew 17:20

MON TUE WED THU FRI SAT SUN

DATE .... /....... /.......

Dear God,

Today I am thankful for

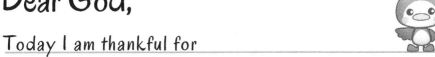

_____

_____

_____

I pray for	I want to confess

Please bless

Thank you God for all your blessings to me.

I love you,

♥ AMEN ♥